Test 1

Inhalte: Dichte, Volumen, Masse
Zeitbedarf: 20 Minuten

1. Rechne die Größe in die angegebene Einheit um.

a) $4{,}2\,\frac{kg}{m^3}$ in $\frac{g}{cm^3}$ ___ von 2

b) $7{,}2\,\frac{kg}{dm^3}$ in $\frac{kg}{m^3}$ ___ von 2

2. Es soll eine rechteckige Tischplatte aus Teakholz mit den Maßen Länge $\ell = 120$ cm,
Breite $b = 90$ cm und Höhe $h = 1{,}8$ cm gefertigt werden.
Berechne die Masse dieser Platte und gib das Ergebnis in Kilogramm an.
Dichte Teakholz: $\rho = 0{,}68\,\frac{g}{cm^3}$ ___ von 5

3. Der Planet Mars hat eine Masse von $m = 6{,}44 \cdot 10^{23}$ kg und eine mittlere Dichte von $\rho = 3{,}97\,\frac{kg}{dm^3}$.
Bestimme sein Volumen in km^3. ___ von 4

AF727303

Notenschlüssel

1	2	3	4	5	6
13–12	11–10	9–8	7–6	5–3	2–0

So lange habe ich gebraucht: ____________

So viele Punkte habe ich erreicht: ____________

Test 2

Inhalte: Magnetismus

Zeitbedarf: 20 Minuten

1. Was geschieht beim Magnetisieren eines ferromagnetischen Körpers? Beschreibe am Teilchenmodell. ___ von 1

2. Wie lässt sich ein Körper entmagnetisieren? ___ von 2

3. Erkläre, was man unter einem Magnetfeld versteht. ___ von 2

4. Erkläre, was man aus einem Feldlinienbild herauslesen kann. ___ von 2

5. Zeichne das Magnetfeld eines Stabmagneten. ___ von 2

6. Beschreibe, was man unter einem homogenen Magnetfeld versteht. Wie verlaufen die Feldlinien eines homogenen Magnetfeldes? ___ von 4

7. Beschreibe das Phänomen der magnetischen Influenz. ___ von 2

Notenschlüssel

1	2	3	4	5	6
15–14	13–12	11–10	9–7	6–4	3–0

So lange habe ich gebraucht: ______________

So viele Punkte habe ich erreicht: ______________

Test 3

Inhalte: Leistung, Wirkungsgrad, potenzielle Energie

Zeitbedarf: 20 Minuten

1. Der Pumpkolben einer Hebebühne hebt ein Auto mit einer Masse von $m = 1{,}3$ t in einer Zeit $t = 10$ s um eine Höhe $h = 2{,}0$ m an.
Ermittle die Leistung der Pumpe.
Ortsfaktor: $g = 9{,}81\,\frac{\text{N}}{\text{kg}}$ ___ von 4

2. Eine Pumpe mit einer Leistungsaufnahme von $P = 2\,000$ W und einem Wirkungsgrad von $\eta = 80\,\%$ pumpt in einer Zeit $t = 3{,}5$ h Wasser aus einem 2,0 m tiefen vollgelaufenen Schacht.
   a) Berechne die Betriebskosten der Pumpe, wenn 1 kWh 32 ct kostet. ___ von 3

   b) Wie viel Wasser pumpt die Pumpe in dieser Zeit aus dem Schacht? Gib das Ergebnis in m^3 an.
   Ortsfaktor: $g = 9{,}81\,\frac{\text{N}}{\text{kg}}$; 1 ℓ Wasser ≙ 1 kg ___ von 6

Notenschlüssel

1	2	3	4	5	6
13–12	11–10	9–8	7–6	5–3	2–0

So lange habe ich gebraucht: ______________

So viele Punkte habe ich erreicht: ______________

Test 4

Inhalte: Leistung, potenzielle Energie, Wirkungsgrad, Dichte, Volumen

Zeitbedarf: 20 Minuten

1. Ein Wanderer mit einer Masse von $m = 73$ kg steigt bei einer Bergtour in einer Zeit $t = 3{,}5$ h auf einen Gipfel.
   Ermittle den Höhenunterschied, den er überwindet, wenn seine durchschnittliche Leistung während der Bergtour $P = 90$ W beträgt.
   Ortsfaktor: $g = 9{,}81\,\frac{\text{N}}{\text{kg}}$ ___ von 4

2. Eine Ölförderpumpe mit einem Wirkungsgrad von $\eta = 70\,\%$ fördert in $t = 7{,}0$ h ein Volumen $V = 1\,200\ \text{m}^3$ Öl aus einer Tiefe von $h = 60$ m.
   Berechne die Leistung, die die Pumpe dem Stromnetz entnimmt.
   Dichte Öl: $\rho = 0{,}86\,\frac{\text{g}}{\text{cm}^3}$; Ortsfaktor: $g = 9{,}81\,\frac{\text{N}}{\text{kg}}$ ___ von 9

Notenschlüssel

1	2	3	4	5	6
13–12	11–10	9–8	7–6	5–3	2–0

So lange habe ich gebraucht: ____________

So viele Punkte habe ich erreicht: ____________

Test 5

Inhalte: Linsenabbildungen

Zeitbedarf: 20 Minuten

1. Konstruiere mithilfe geeigneter Strahlen das Bild eines Gegenstandes, der 1 cm hoch ist und 1 cm von einer Sammellinse mit einer Brennweite von 3 cm entfernt steht.
Beschreibe Art, Größe, Stellung und Lage des Bildes. ___ von 5

2. Eine Sammellinse erzeugt von einem 3 cm großen Gegenstand ein halb so großes reelles Bild. Das Bild ist 3 cm von der Sammellinse entfernt.
Bestimme zeichnerisch mithilfe der Hauptstrahlen die Brennweite der Linse.
Tipp: Ermittle zunächst die Position des Gegenstandes mithilfe des Mittelpunktstrahls. ___ von 4

3. Das reelle Bild eines Gegenstandes erscheint nach der Abbildung durch eine Sammellinse doppelt so groß. Gegenstand und Bild haben einen Abstand von 6 cm.
Ermittle die Brennweite der Linse zeichnerisch.
Tipp: Ermittle zunächst die Lage der Hauptebene der Sammellinse. ___ von 4

Notenschlüssel

1	2	3	4	5	6
13–12	11–10	9–8	7–6	5–3	2–0

So lange habe ich gebraucht: ______________

So viele Punkte habe ich erreicht: ______________

Test 6

Inhalte: Hooke'sches Gesetz

Zeitbedarf: 18 Minuten

1. Bei einer Feder sind in einem gewissen Bereich Kraft und Dehnung zueinander direkt proportional.

   a) Was bedeutet die Aussage, dass Kraft und Dehnung zueinander direkt proportional sind? ___ von 2

   b) Erkläre, warum die Einschränkung „in einem gewissen Bereich" notwendig ist. ___ von 2

2. Eine Feder dehnt sich bei einer Krafteinwirkung von 5 N um 12 cm. Gib an, wie weit sie sich dann bei einer Kraft von 25 N dehnt.

   Hinweis: Du kannst davon ausgehen, dass beide Kraftbeträge innerhalb des elastischen Bereiches der Feder liegen. ___ von 2

3. Was besagt der Wert $13\,\frac{\text{mm}}{\text{N}}$ bei einer Feder? ___ von 2

4. Beantworte mithilfe des Diagramms die Fragen a) und b).

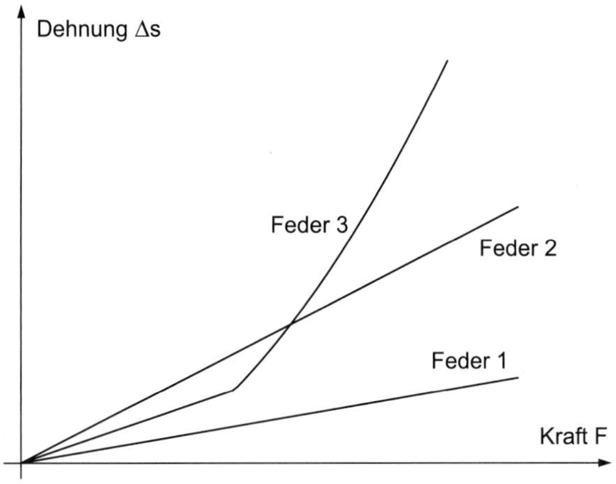

a) Welche Feder ist härter: Feder 1 oder Feder 2? Begründe. ___ von 2

b) Erkläre den Verlauf der Kurve für Feder 3. ___ von 3

Notenschlüssel

1	2	3	4	5	6
13–12	11–10	9–8	7–6	5–3	2–0

So lange habe ich gebraucht: ______________

So viele Punkte habe ich erreicht: ______________

Test 7

Inhalte: Volumen, Teilchenmodell

Zeitbedarf: 20 Minuten

1. Rechne die Größe in die angegebene Einheit um und gib das Ergebnis mithilfe von Zehnerpotenzen an.

a) $260\ m^3$ in mm^3 ___ von 1

b) $59\ dm^3$ in km^3 ___ von 1

c) $12\ m^3$ in ℓ ___ von 1

2. Beschreibe anhand einer Zeichnung, wie man mit der Differenzmethode das Volumen eines Körpers bestimmen kann. ___ von 5

3. Worin unterscheiden sich Festkörper, Flüssigkeiten und Gase prinzipiell? Erkläre anhand des Teilchenmodells. ___ von 3

4. Benenne folgende Übergänge.

a) gasförmig zu flüssig ___ von 1

b) fest zu gasförmig ___ von 1

Notenschlüssel

1	2	3	4	5	6
13–12	11–10	9–8	7–6	5–3	2–0

So lange habe ich gebraucht: ____________

So viele Punkte habe ich erreicht: ____________

Test 8

Inhalte: gleichförmige Bewegungen, Geschwindigkeit

Zeitbedarf: 20 Minuten

1. In einem Versuch wurden für einen Gleiter auf einer Luftkissenbahn folgende Messwerte aufgenommen:

Weg s in cm	0	40	80	120	160
Zeit t in s	0	3,6	7,3	10,6	14,5

Werte die Messreihe rechnerisch aus und formuliere damit ein Ergebnis. ___ von 2

2. Ein Fahrzeug fährt 60 Minuten mit einer gleichbleibenden Geschwindigkeit von 90 $\frac{\text{km}}{\text{h}}$ auf einer Autobahn, ehe der Fahrer eine Pause von einer halben Stunde einlegt. Danach stellt er den Tempomat auf 110 $\frac{\text{km}}{\text{h}}$ und folgt der Autobahn, ohne abbremsen zu müssen, weitere 30 Minuten.

a) Ermittle rechnerisch, welche Strecke das Fahrzeug insgesamt zurückgelegt hat. ___ von 2

b) Wie viele Umdrehungen hat ein Reifen bei der Fahrt gemacht, wenn sein Durchmesser 64 cm beträgt? ___ von 3

c) Stelle den Bewegungsablauf des Fahrzeugs in einem Zeit-Weg-Diagramm dar. ___ von 3

3. Leo fährt mit einem Zug um 8:21 Uhr los. Der Zug bewegt sich mit einer durchschnittlichen Geschwindigkeit von $90\,\frac{\text{km}}{\text{h}}$.
Erreicht Leo den Anschlusszug, wenn er eine Strecke von 62 km zum Umsteigebahnhof zurücklegen muss und der Anschlusszug um 8:58 Uhr abfährt? Begründe mithilfe einer Rechnung. ___ von 3

Notenschlüssel

1	2	3	4	5	6
13–12	11–10	9–8	7–6	5–3	2–0

So lange habe ich gebraucht: ______________

So viele Punkte habe ich erreicht: ______________

Schulaufgabe 1

Inhalte: Zeit, Volumen, Dichte, Kraft, Masse

Zeitbedarf: 45 Minuten

1. **Zeit**

a) Was benötigt man, um eine Einheit der Zeit festlegen zu können? Gib ein Beispiel. ___ von 2

b) Was geschieht mit der Erde in einem Jahr bzw. an einem Tag? ___ von 2

c) Rechne um:

(1) 2,6 d in h (2) 2,75 h in min ___ von 2

2. **Volumenbestimmung**

Beschreibe und erkläre die Überlaufmethode zur Volumenbestimmung unregelmäßig geformter Körper mithilfe einer Zeichnung. ___ von 4

3. Dichte

a) Eine Messreihe ergab folgende Messungen:

m in g	0	80	150	160
V in cm^3	0	120	225	240

Werte die Tabelle rechnerisch und grafisch aus. ___ von 3

b) Zu welchem Ergebnis kommst du bei der Auswertung von Teilaufgabe 3 a?
Formuliere das Ergebnis als Formel. ___ von 1

c) Eine Petroleummenge hat eine Masse von 0,65 kg.
Kann diese Menge in eine 0,7-Liter-Flasche gefüllt werden? Begründe deine Antwort rechnerisch.
Dichte Petroleum: $\rho = 0{,}85\,\frac{g}{cm^3}$ ___ von 4

4. Kraft und Masse

a) Begründe, weshalb ein Hochspringer bei gleicher Sprungleistung am Südpol weniger hoch springen würde als am Äquator. ___ von 3

b) Ein Körper hat eine Masse von 75,0 kg. Welche Gewichtskraft wirkt auf ihn? Berechne.
Ortsfaktor: $g = 9{,}81\,\frac{N}{kg}$ ___ von 2

c) Was versteht man physikalisch unter der Trägheit eines Körpers? Gib ein Beispiel dazu aus dem Alltag an. ___ von 2

d) Zeichne einen Kraftmesser und erkläre seine Funktionsweise. ___ von 3

Notenschlüssel

1	2	3	4	5	6
28–25	24–20	19–15	14–10	9–5	4–0

So lange habe ich gebraucht: ____________

So viele Punkte habe ich erreicht: ____________

Schulaufgabe 2

Inhalte: Längenmessung, Dichte, Kraft, Bewegungen

Zeitbedarf: 45 Minuten

1. **Längenmessung**

a) Erkläre, was man in der Physik unter einer Messung versteht. ___ von 1

b) Nenne drei Längenmessgeräte mit unterschiedlicher Messgenauigkeit und gib die Messgenauigkeit jeweils an. ___ von 3

Eine Längenmessung ergab folgende Messwerte:

Messung	1	2	3	4	5
Länge in cm	12,1	12,4	12,3	12,1	11,9

c) Mit welchem Messgerät wurde gemessen? Begründe deine Antwort. ___ von 1

d) Bilde aus den Messwerten den Mittelwert. ___ von 2

2. **Dichte**

a) Masse und Volumen eines Stoffes sind zueinander direkt proportional.
Erkläre die Aussage. ___ von 2

b) Erläutere, woran man bei Messergebnissen eine direkte Proportionalität erkennt. ___ von 2

c) Ermittle die Höhe des Sands in einem Sandkasten, wenn dieser eine quadratische Grundfläche mit einer Seitenlänge von 2,00 m hat und mit 750 kg Sand befüllt ist.
Dichte Sand: $\rho = 1,50\,\frac{kg}{dm^3}$ ___ von 4

3. Kraft

a) Nenne die beiden möglichen Wirkungen einer Kraft. ___ von 2

b) Welche Einheit hat die Kraft und wie ist diese festgelegt? ___ von 2

c) Beschreibe, wie Kräfte in der Physik zeichnerisch dargestellt werden. Was kann man von dieser Darstellung ablesen? ___ von 2

d) Wann befindet sich ein Körper im Kräftegleichgewicht? Gib ein Beispiel an. ___ von 2

e) Ein Fahrzeug, auf das keine sichtbare äußere Kraft wirkt, verringert dennoch seine Geschwindigkeit. Erkläre, weshalb. ___ von 2

f) Warum ergibt es Sinn, dass die meisten Fahrzeuge Reifen, einige aber auch Ketten haben? ___ von 3

4. Bewegungen

a) Beschreibe die Bewegungen, die im Diagramm dargestellt sind. ___ von 2

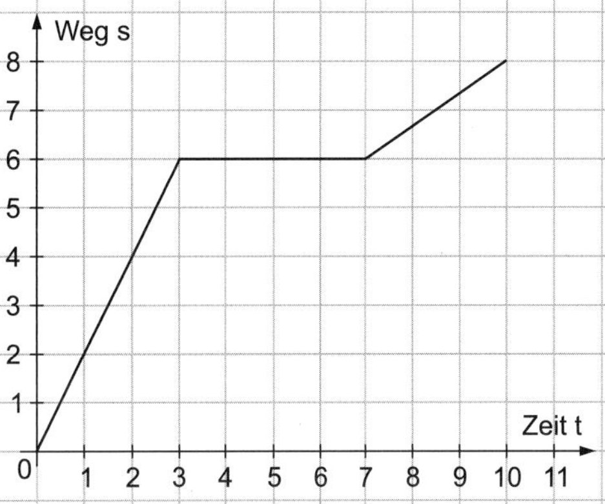

b) Rechne $120\,\frac{\text{km}}{\text{h}}$ in $\frac{\text{m}}{\text{s}}$ um. ___ von 1

c) Gib $2{,}5\,\frac{\text{m}}{\text{s}}$ in $\frac{\text{km}}{\text{h}}$ an. ___ von 1

d) Ein Auto fährt auf einer Autobahn mit einer durchschnittlichen Geschwindigkeit von $102\,\frac{\text{km}}{\text{h}}$. Wie lange braucht das Auto, um eine Strecke von 663 km zurückzulegen? Gib das Ergebnis in Stunden und Minuten an. ___ von 4

Notenschlüssel

1	2	3	4	5	6
36–31	30–26	25–20	19–15	14–8	7–0

So lange habe ich gebraucht: ____________

So viele Punkte habe ich erreicht: ____________

Schulaufgabe 3

Inhalte: Licht und optische Wahrnehmungen, Brechung und Totalreflexion, Magnetismus

Zeitbedarf: 45 Minuten

1. Licht und optische Wahrnehmungen

a) Gib an, zwischen welchen Arten von Lichtbündeln unterschieden wird. ___ von 1

b) Nenne zwei Eigenschaften des Lichts in Bezug auf seine Ausbreitung. ___ von 2

c) Wann kommt es zu einer totalen Sonnenfinsternis und wann zu einer totalen Mondfinsternis? ___ von 2

d) Welche Aufgabe hat die Regenbogenhaut (Iris) und welche die Linse beim menschlichen Auge? ___ von 2

e) Beschreibe die Funktionsweise einer Nahlupe. ___ von 2

2. Brechung und Totalreflexion

a) Weshalb wird Licht an der Grenzschicht zweier lichtdurchlässiger Medien gebrochen? ___ von 2

b) Zeichne den Verlauf eines Lichtstrahls, wenn dieser von einem optisch dünneren in ein optisch dichteres Medium übergeht. ___ von 2

c) Welche beiden Bedingungen müssen erfüllt sein, damit ein Lichtstrahl total reflektiert wird? ___ von 2

d) Beschrifte die Bauteile des Lichtleiters und erkläre seine Funktionsweise. ___ von 4

e) Wo werden Lichtleiter in der Technik eingesetzt? Nenne zwei Anwendungen. ___ von 2

3. Magnetismus

a) Zu welchem Magnetfeld ist das Magnetfeld der Erde ähnlich? ___ von 1

b) Wie nennt man die Abweichung der magnetischen Pole von den geografischen Polen? ___ von 1

c) Wo macht sich das Magnetfeld der Erde bemerkbar? Nenne 2 Auswirkungen. ___ von 2

d) Gib die Ursache für das Magnetfeld der Erde an. ___ von 1

e) Inwiefern ist das Magnetfeld der Erde nützlich für den Menschen? ___ von 1

Notenschlüssel

1	2	3	4	5	6
27–23	22–18	17–14	13–10	9–5	4–0

So lange habe ich gebraucht: ____________

So viele Punkte habe ich erreicht: ____________

Schulaufgabe 4

Inhalte: Optik, Elektrizitätslehre

Zeitbedarf: 45 Minuten

1. **Linsenabbildungen, Reflexion und Brechung**

a) Beschreibe anhand der Zeichnung ganz allgemein den Verlauf der drei Hauptstrahlen durch eine Sammellinse. ___ von 3

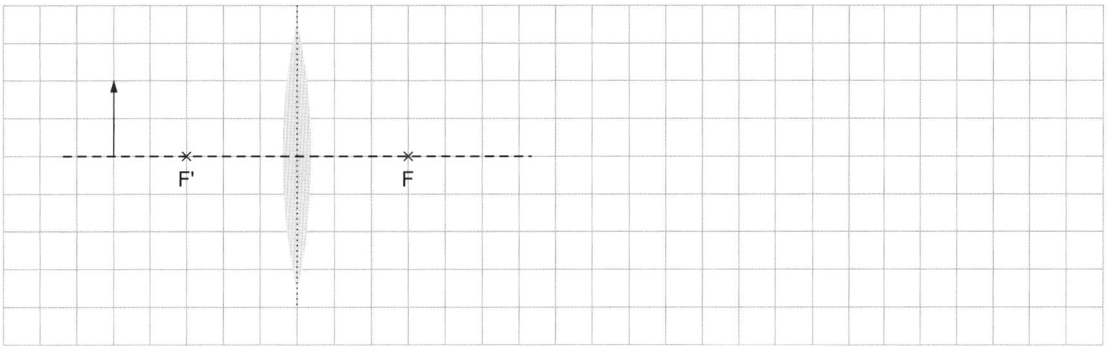

b) Beschreibe mithilfe einer Zeichnung das Bild eines Gegenstandes, der zwischen der einfachen und der doppelten Brennweite einer Sammellinse steht. ___ von 4

c) Wann erzeugt eine Sammellinse ein virtuelles Bild? ___ von 1

d) Erkläre das Reflexionsgesetz anhand einer Zeichnung und unter Verwendung von Fachbegriffen. ___ von 2

e) Kreuze jeweils das passende Kästchen an. ___ von 3

	richtig	falsch
(1) Ein Spiegel vertauscht rechts und links.	☐	☐
(2) Ein Spiegel vertauscht oben und unten.	☐	☐
(3) Ein Spiegel vertauscht hinten und vorne.	☐	☐

f) Nenne zwei Anwendungen von Parabolspiegeln in der Technik. ___ von 2

g) Weshalb werden von uns auf der Erde Sterne im Weltall an Stellen wahrgenommen, an denen sie sich gar nicht befinden? Erkläre. ___ von 2

2. Elektrizitätslehre

a) Zeichne einen elektrischen Stromkreis bestehend aus einer Batterie, einem Schalter und zwei Glühbirnen so, dass eine der beiden Glühbirnen leuchtet, wenn der Schalter geöffnet ist. ___ von 3

b) Erkläre die Funktionsweise eines FI-Schalters. ___ von 2

c) Welche Aufgabe hat der Schutzleiter beim Schutzkontaktsystem? ___ von 2

d) Wie viele Elektronen bewegen sich in einer Sekunde durch einen metallischen Leiter, wenn ein Strom von 1 A fließt?

Elementarladung: $e = 1{,}602 \cdot 10^{-19}\,C$

___ von 2

e) Erkläre das Phänomen der elektrischen Influenz bei einem Leiter mithilfe eines Versuchsaufbaus.

___ von 4

f) Worin unterscheiden sich ein Leiter und ein Nichtleiter prinzipiell?

___ von 1

g) Was versteht man unter einem elektrischen Feld?

___ von 2

Notenschlüssel

1	2	3	4	5	6
33–29	28–25	24–20	19–15	14–6	5–0

So lange habe ich gebraucht: ____________

So viele Punkte habe ich erreicht: ____________

Schulaufgabe 5

Inhalte: Energieformen, Wärmetransport, Anomalie des Wassers, Kraftwandler

Zeitbedarf: 45 Minuten

1. **Energieformen**

a) Nenne die Energieformen, aus denen sich die innere Energie eines Körpers zusammensetzt. ___ von 1

b) Worüber machen diese einzelnen Energieformen eine Aussage? Erkläre am Teilchenmodell und betrachte auch die Auswirkung auf den ganzen Körper. ___ von 4

c) Nenne zwei Möglichkeiten, wie man die innere Energie eines Körpers erhöhen kann. ___ von 1

2. **Wärmetransport und Anomalie des Wassers**

a) Beschreibe einen wesentlichen Unterschied zwischen Wärmeleitung und Wärmestrahlung. ___ von 1

b) Gib drei Merkmale an, die grundlegend für eine gute Wärmeabstrahlung eines Körpers sind. ___ von 3

c) Erkläre den Treibhauseffekt in einem Glashaus mit einer Zeichnung. ___ von 4

d) Skizziere einen Versuch zum Nachweis der Konvektion und beschreibe diesen. ___ von 3

e) Wie verhindert eine Thermoskanne alle Arten der Wärmeübertragung? ___ von 3

f) Zeichne ein ϑ-V-Diagramm für Wasser im Bereich von 0 °C bis 10 °C und erkläre dieses. ___ von 4

g) Wo macht sich die Anomalie des Wassers im Alltag bemerkbar?
Nenne zwei Punkte.

___ von 1

3. Kraftwandler

a) Berechne, wie groß bei dem gezeichneten einseitigen Hebel die Kraft F_3 sein muss, damit der Hebel im Gleichgewicht ist. Dabei gilt: $F_1 = 30$ N; $a_1 = 10$ cm; $F_2 = 50$ N; $a_2 = 25$ cm; $a_3 = 30$ cm; $F_4 = 15$ N; $a_4 = 50$ cm

___ von 3

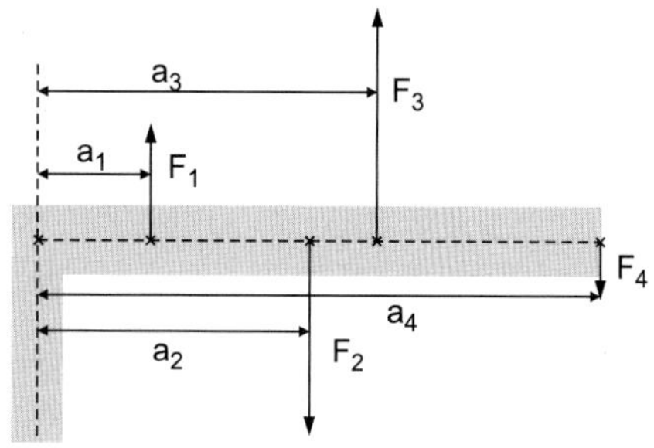

b) Max und Jonas sitzen auf einer Wippe. Max wiegt $m_M = 25$ kg und Jonas wiegt $m_J = 20$ kg. Max sitzt 2,0 m vom Drehpunkt der Wippe entfernt.
Bestimme, in welchem Abstand zum Drehpunkt Jonas sitzen muss, damit die Wippe im Gleichgewicht ist.

___ von 3

c) Berechne die Zugkraft und den Seilweg am Seilende des abgebildeten Flaschenzugs, wenn die Gewichtskraft 1 000 N beträgt und die Last um 5,0 m angehoben werden soll.

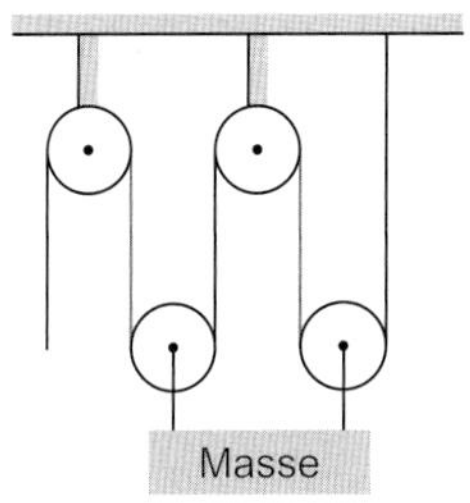

___ von 2

Notenschlüssel

1	2	3	4	5	6
33–29	28–25	24–19	18–14	13–6	5–0

So lange habe ich gebraucht: ______________

So viele Punkte habe ich erreicht: ______________

Schulaufgabe 6

Inhalte: Arbeit, Energie, Wirkungsgrad, Kraftwandler, Leistung

Zeitbedarf: 45 Minuten

1. Arbeit, Energie und Wirkungsgrad

a) Wie ist die physikalische Größe Arbeit festgelegt und welche Einheit hat sie? ___ von 2

b) Nenne vier verschiedene Arten der mechanischen Arbeit. ___ von 2

c) Was versteht man in der Physik unter dem Begriff Energie? ___ von 1

d) Erkläre, worin sich die Größen Arbeit und Energie unterscheiden. ___ von 2

e) Beschreibe, welche Energieumwandlungen die Kugel in der Abbildung auf ihrem Weg von B über A nach C erfährt. ___ von 3

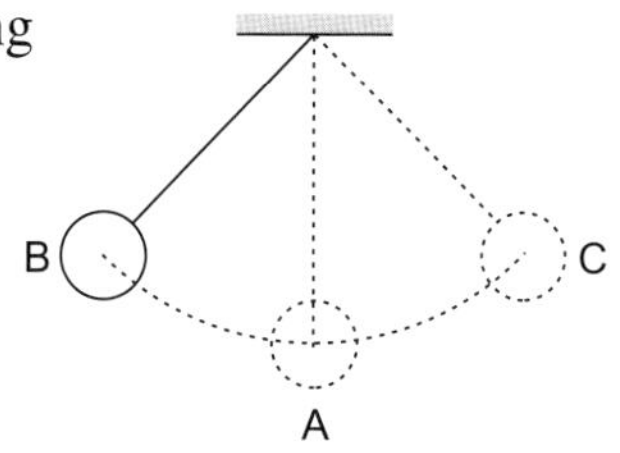

f) Warum wird die Kugel aus Teilaufgabe 1e im Punkt C nicht mehr genau die Ausgangshöhe wie im Punkt B erreichen? ___ von 2

g) Erkläre den Begriff Wirkungsgrad. ___ von 2

h) Erläutere, was für Maschinen mit Wirkungsgrad 1 gelten würde. Warum gibt es solche Maschinen in der Praxis nicht? ___ von 2

2. **Kraftwandler**

a) Benenne die Bauteile, aus denen ein Flaschenzug besteht, und erkläre die Funktionsweise. ___ von 4

b) Erkläre anhand der schiefen Ebene, welcher Vorteil, aber auch welcher Nachteil allen Kraftwandlern gemeinsam ist. ___ von 2

c) Nenne zwei Anwendungen der schiefen Ebene aus dem Alltag. ___ von 2

3. Arbeit, Energie und Leistung

a) Ein Staubsauger hat eine Leistung von 600 W und wird 30 min betrieben.
Ermittle die Energie, die der Staubsauger in dieser Zeit benötigt. Was kostet diese Energie, wenn für 1 kWh 32 ct bezahlt werden müssen? ___ von 4

b) Ein elektrischer Baukran wird mit einer Leistung von 6,0 kW und einem Wirkungsgrad von 0,80 betrieben. Er hebt eine Last von 200 kg über eine Zeitspanne von 15 s an.
In welcher Höhe befindet sich die Last nach dem Hebevorgang, wenn sie vorher am Boden lag?
Ortsfaktor: $g = 9{,}81\,\frac{\text{N}}{\text{kg}}$ ___ von 5

c) Ein Treppenläufer in einem Hochhaus leistet 340 W. Insgesamt verrichtet er eine Hubarbeit von 280 kJ.
Wie lange war der Läufer unterwegs? Gib das Ergebnis in Minuten und Sekunden an. ___ von 3

Notenschlüssel

1	2	3	4	5	6
36–32	31–27	26–21	20–15	14–8	7–0

So lange habe ich gebraucht: ____________

So viele Punkte habe ich erreicht: ____________